MINISTÈRE DE L'INSTRUCTION PUBLIQUE

LE RÉGIME FISCAL

DES CONTRATS DE TRANSPORTS EN FRANCE

PAR

LÉON SALEFRANQUE

SOUS-INSPECTEUR DE L'ENREGISTREMENT À PARIS, LAURÉAT DE L'INSTITUT

MÉMOIRE LU EN AVRIL 1897 AU XXXVe CONGRÈS DES SOCIÉTÉS SAVANTES

(Extrait du *Bulletin des sciences économiques et sociales du Comité
des travaux historiques et scientifiques*, année 1897)

PARIS

IMPRIMERIE NATIONALE

M DCCC XCVII

LE RÉGIME FISCAL

DES CONTRATS DE TRANSPORTS

EN FRANCE

MINISTÈRE DE L'INSTRUCTION PUBLIQUE

LE RÉGIME FISCAL

DES CONTRATS DE TRANSPORTS

EN FRANCE

PAR

LÉON SALEFRANQUE

SOUS-INSPECTEUR DE L'ENREGISTREMENT À PARIS, LAURÉAT DE L'INSTITUT

MÉMOIRE LU EN AVRIL 1897 AU XXXVe CONGRÈS DES SOCIÉTÉS SAVANTES

(Extrait du *Bulletin des sciences économiques et sociales du Comité des travaux historiques et scientifiques*, année 1897)

PARIS

IMPRIMERIE NATIONALE

M DCCC XCVII

LE RÉGIME FISCAL
DES CONTRATS DE TRANSPORTS
EN FRANCE.

Les contrats de transports se présentent sous des modalités diverses selon qu'ils s'appliquent à des transports terrestres ou à des transports maritimes et, dans chacune de ces deux grandes catégories, selon les conditions dans lesquelles les transports s'effectuent.

Nous rencontrerons ainsi successivement, pour les transports terrestres, les lettres de voiture ordinaires, les lettres de voiture et les récépissés des compagnies de chemins de fer, les bulletins d'expédition des colis postaux, les bulletins délivrés par les compagnies de tramways, et, pour les transports maritimes, les chartes-parties et les connaissements.

Ces divers contrats subissent, en principe, les deux impôts du timbre et de l'enregistrement; mais, rédigés dans la presque totalité des cas sous signatures privées, ils ne sont pas assujettis à la formalité de l'enregistrement dans un délai déterminé et ne supportent, en fait, que les droits de timbre.

TRANSPORTS TERRESTRES.

ROUTES, FLEUVES ET CANAUX : LETTRES DE VOITURE ORDINAIRES.

La lettre de voiture est, on le sait, l'écrit qui, aux termes de la loi commerciale, sert à constater le contrat de transport. Elle est destinée à faire preuve du contrat qui intervient à cet effet entre l'expéditeur et le voiturier, ou entre l'expéditeur, le commissionnaire et le voiturier, et à fixer les conditions de ce contrat (C. com., art. 101).

Mais la lettre de voiture est facultative : elle ne constitue pas une preuve nécessaire, c'est seulement une précaution que les parties peuvent ou non prendre. Toutefois cette règle souffre exception, en matière fiscale, en ce qui concerne les envois contre remboursement et les envois purs et simples d'argent.

Timbre. — Les lettres de voiture ont été assujetties pour la première fois au timbre par l'article 56 de la loi du 9 vendémiaire an VI; elles devaient supporter les droits de timbre de dimension d'après les tarifs courants. Mais l'article 5 de la loi du 6 prairial an VII vint édicter, peu de temps après, pour ces contrats, un droit de timbre spécial d'un franc. Cette disposition particulière demeura en vigueur jusqu'en 1809, époque à laquelle un décret du 3 janvier fit, par son article 1er, rentrer ces contrats dans le droit commun qui est encore appliqué aujourd'hui.

Toutefois, les feuilles de la moindre dimension étant généralement suffisantes pour contenir le texte de la convention, le droit réellement acquitté ne dépasse pas le plus souvent 0 fr. 60.

L'impôt est perçu soit par l'emploi du papier timbré de la débite, soit par celui du papier présenté par les parties au timbrage à l'extraordinaire. L'usage des timbres mobiles n'est autorisé que pour le recouvrement des droits applicables aux lettres de voiture accompagnant les envois qui viennent de l'étranger et qui doivent supporter le droit à l'arrivée en France.

Nous avons dit que la lettre de voiture était facultative, mais que la loi fiscale, dans un cas particulier, l'avait cependant rendue obligatoire. Aux termes, en effet, de l'article 10 de la loi du 19 février 1874, les recouvrements effectués par les entrepreneurs de transports, à titre de remboursement des objets transportés, et, en général, tous les transports fictifs ou réels de monnaies ou de valeurs, effectués par les entrepreneurs, sont assujettis à la délivrance d'un récépissé ou d'une lettre de voiture dûment timbrés.

Cette disposition s'applique, dans la généralité de ses termes, à tous les entrepreneurs de transports indistinctement, lorsqu'ils effectuent les opérations dont il s'agit.

Par dérogation à la règle générale, qui soumet la lettre de voiture au timbre de dimension, la loi de 1874 dispose que, pour ce cas spécial, le droit de timbre est de 0 fr. 35 (y compris le droit de décharge de 0 fr. 10). Ce droit est supporté par l'expéditeur de la marchandise [1].

Les droits sont perçus par le timbrage à l'extraordinaire pour les lettres de voiture de cette catégorie créées en France et au moyen de timbres mobiles, pour celles venant de l'étranger.

Les *Comptes définitifs des recettes*, annuellement rendus par le Ministre des finances, ne mentionnent pas, antérieurement à 1868, le montant des droits de timbre perçus sur les lettres de voiture ordinaires : ces droits apparaissent pour la première fois dans le compte de cet exercice pour 593,700 francs.

[1] Voir *infra*, au point de vue du tarif, en ce qui concerne les colis postaux.

Nous relèverons, à partir de cette époque, quelques résultats :

PÉRIODES.	PRODUITS ENCAISSÉS PAR LE TRÉSOR		ANNÉE DE CHAQUE PÉRIODE			
			LA PLUS FORTE.		LA PLUS FAIBLE.	
	pendant la période considérée.	Moyenne annuelle.	Années.	Produits.	Années.	Produits.
	francs.	francs.		francs.		francs.
1868-1875.....	1,612,900	201,600	1868...	593,700	1875...	134,900
1876-1885.....	598,600	59,800	1876...	81,700	1882...	43,800
1886-1895.....	985,000	98,500	1895...	148,900	1886...	63,700

Ces indications ne permettent pas de se rendre un compte exact non seulement du mouvement des transports qui ont donné lieu à la création de lettres de voiture ordinaires, mais encore de celui de l'impôt lui-même. Elles sont, en effet, incomplètes et insuffisantes à la fois : incomplètes, car elles laissent de côté les droits perçus sur les lettres de voiture ordinaires venant de l'étranger, timbrées au moyen de timbres mobiles utilisés en dehors de leur objet particulier et seulement pour leur quotité, ce qui a pour conséquence de déclasser les droits de l'espèce; insuffisantes, parce qu'elles ne distinguent pas entre les droits au timbre de dimension et le droit de timbre spécial de o fr. 35 applicables aux envois d'argent ou de marchandises contre remboursement.

Enregistrement. — Dans le cas de présentation de lettres de voiture ordinaires à la formalité de l'enregistrement, ces contrats subissent le droit de 3 fr. 75, en principal et décimes et il est dû un droit pour chaque personne à qui les envois sont faits [1].

La lettre de voiture, dans le cas où elle est à ordre, se trouve, par cela même, négociable par voie d'endossement; cet endossement ne donne pas ouverture à un droit particulier.

Les droits d'enregistrement perçus sur les lettres de voiture ordinaires ne ressortent pas distinctement dans les *Comptes de finances;* ils sont englobés dans les droits de la quotité de 3 fr. 75 perçus sur les contrats de toute nature.

[1] Droit fixé en principal à 1 franc (loi du 22 frimaire an VII, art. 68, § 1, n° 20); à 2 francs (loi du 18 mai 1850, art. 8); et à 3 francs (loi du 28 février 1872, art. 4).

Les décimes ont varié avec les époques; ils sont actuellement au nombre de deux et demi, soit un quart du principal (lois des 6 prairial an VII, art. 1er; 23 août 1871, art 1er; 30 décembre 1873, art. 2).

CHEMINS DE FER : LETTRES DE VOITURE ET RÉCÉPISSÉS.

Timbre. — Les règles générales édictées par le Code de commerce en matière de transports se sont trouvées applicables à ceux effectués par les chemins de fer, lors de leur établissement, sous réserve toutefois des modifications résultant des cahiers des charges, qui sont considérés comme faisant partie intégrante des lois de concession.

Or nous avons vu qu'à cette époque, la lettre de voiture n'était obligatoire dans aucun cas. Par suite, dès le début même de leur exploitation, les Compagnies se bornèrent-elles à délivrer aux expéditeurs qui ne demandaient pas de lettres de voiture, de simples récépissés qui restaient entre les mains de ceux-ci. Dans cette situation, aucune pièce constatant l'identité des marchandises ne les accompagnait et n'était remise au destinataire pour le mettre à même de vérifier les conditions et la régularité de l'expédition.

Cet état de choses ne devait pas tarder à amener des difficultés : aussi les expéditeurs demandèrent-ils en plus grand nombre l'établissement de lettres de voiture, réclamant en outre l'insertion dans le contrat de la clause d'indemnité à forfait en cas de défaut de remise des marchandises dans le délai, conformément aux dispositions de l'article 102 du Code de commerce.

Les Compagnies refusèrent de souscrire à ces exigences et le litige fut porté devant les tribunaux. Par un arrêt du 27 janvier 1862, la Cour de cassation statua que «les Compagnies étaient obligées par les clauses de leurs cahiers des charges de recevoir toutes les expéditions qui leur étaient remises, mais qu'elles ne pouvaient être tenues à l'insertion, lorsqu'elles n'étaient pas d'accord avec l'expéditeur, de la stipulation de l'indemnité de retard».

Cette jurisprudence eut pour effet de restreindre encore la délivrance des lettres de voiture, et les Compagnies, continuant leurs errements antérieurs, firent accompagner purement et simplement les marchandises pour lesquelles il n'en était pas établi, par des notes d'expédition ne portant aucune signature.

D'un autre côté, l'administration de l'enregistrement avait soutenu que les «notes d'expédition» équivalaient à des lettres de voiture et elle avait, en conséquence, poursuivi le recouvrement des droits de timbre. La jurisprudence s'était tout d'abord montrée favorable à cette thèse, mais la question ayant été portée devant les Chambres réunies de la Cour de cassation, l'administration vit condamner définitivement sa prétention par un arrêt du 28 mars 1860.

Cette décision de la Cour suprême était basée sur ce motif que «les feuilles d'expédition dont sont porteurs les conducteurs de trains sont des pièces d'ordre intérieur; qu'elles ne doivent pas sortir des mains des conducteurs et qu'il est de l'essence de la lettre de voiture d'être remise au destinataire». La Cour constatait, en outre, que «la lettre de voiture n'est pas une forme obligatoire de la convention de transporter des marchandises, que l'expéditeur peut en choisir une autre et, par exemple, donner la préférence à un simple récépissé à lui délivré par la Compagnie; que telles sont les dispositions formelles de l'article 5o de l'ordonnance du 15 novembre 1846, ainsi que de toute la législation sur les chemins de fer et des cahiers des charges des Compagnies».

En donnant gain de cause aux transporteurs, l'arrêt de 1862 venait donc aggraver encore la situation faite au Trésor par la décision des Chambres réunies de 186o.

La nécessité d'assurer la sécurité du titre de transport par chemins de fer et la sauvegarde des droits du Trésor appelaient de nouvelles dispositions législatives. La loi de finances du 13 mai 1863 s'est proposé de satisfaire à ce double intérêt.

Aux termes de son article 10, cette loi édicte, pour les Compagnies de chemins de fer, l'obligation de délivrer désormais des récépissés aux expéditeurs, lorsque ces derniers ne demandent pas de lettre de voiture.

Le récépissé énonce la nature, le poids et la désignation des colis, les noms et l'adresse du destinataire, le prix total du transport et le délai dans lequel le transport doit être effectué.

Un double du récépissé accompagne l'expédition; il est remis au destinataire.

Les droits de timbre de ces récépissés sont uniformément fixés à o fr. 20, soit que les récépissés s'appliquent à des transports en grande vitesse, soit qu'ils concernent des transports en petite vitesse, mais ils ne peuvent remplir le rôle de la lettre de voiture que jusqu'aux lieux desservis par les voies ferrées, ou par le factage et le camionnage dont les Compagnies sont déclarées responsables par leur cahier des charges.

Au tarif de 1863, les droits de timbre sur les récépissés de chemins de fer se sont élevés, en 1864, première année entière, à 4 millions; ils étaient en 1869, dernière année normale d'application du même régime, de 5,800,000 francs.

Le tarif de o fr. 20 fut porté à o fr. 25 par l'article 2 de la loi du 23 août 1871; puis l'article 11 de la loi du 28 février 1872 réunit au droit de transport le droit de o fr. 10 édicté par l'article 18 de la loi du 23 août 1871 et applicable à la décharge donnée par le destinataire : soit, ensemble, o fr. 35. Ce droit global s'applique aussi bien aux transports en grande vitesse qu'à ceux en petite vitesse.

La loi du 30 mars 1872 a modifié profondément ce régime par son article 1ᵉʳ, qui distingue pour la première fois entre les deux catégories de transports.

Les récépissés concernant les transports en grande vitesse demeurent assujettis au droit de o fr. 35 , tandis que les «transports effectués autrement qu'en grande vitesse», selon la formule employée par le législateur, sont soumis à un droit de o fr. 70, y compris le droit de o fr. 10 afférent à la décharge des marchandises donnée par le destinataire.

Par contre, la loi stipule que les récépissés de cette catégorie peuvent servir de lettres de voiture pour les transports qui, indépendamment des voies ferrées, empruntent les routes, canaux et rivières. Cette disposition assimile, à juste titre, ces récépissés aux lettres de voiture ordinaires, ces deux instruments de transports acquittant un droit de timbre d'égale quotité.

La restriction contenue dans l'article 10 de la loi de 1863 continue, au contraire, à être applicable aux récépissés de grande vitesse, qui ne supportent que le droit réduit. Mais les expéditeurs peuvent user de la faculté que leur donne le même article d'exiger la délivrance d'une lettre de voiture. Dans ce cas, la lettre de voiture qui serait délivrée sur leur demande à ces expéditeurs, pour un transport en grande vitesse, et qui serait timbrée à o fr. 70, serait normalement utilisée pour les transports accessoires.

En même temps qu'elle modifiait, au point de vue des droits de timbre, le régime des récépissés de chemins de fer, la loi de 1872 se préoccupait d'en assurer le recouvrement intégral et de mettre fin, notamment, aux abus résultant du groupage pratiqué par les intermédiaires de transports.

On sait, en effet, que le prix des transports par chemins de fer est gradué par fractions de 10 kilogrammes en petite et en grande vitesse (sauf, pour cette dernière, deux coupures de o à 5 kilogrammes et de 5 à 10 kilogrammes). Les entrepreneurs de transports ont, dès longtemps, tiré parti de cette particularité des cahiers des charges des Compagnies pour réunir, dans un envoi unique, des colis et des paquets adressés à des destinataires différents, et profiter par ce moyen des différences de poids ainsi que de l'économie réalisée sur le nombre des récépissés timbrés. C'est ce mode d'opérer qui a reçu la dénomination de «groupage», et auquel la loi du 3o mars 1872 s'est proposé de mettre un terme.

L'article 2 de cette loi dispose, à cet effet, que les intermédiaires de transports qui réunissent en une ou plusieurs expéditions des colis ou paquets envoyés à des destinataires distincts, sont tenus de remettre aux gares expéditrices un bordereau détaillé et certifié, écrit sur papier non timbré, et faisant connaître le nom et l'adresse des destinataires réels.

Ce bordereau doit être accompagné d'autant de récépissés qu'il y a de destinataires réels; ces récépissés individuels sont détachés d'un livre à souche mis à la disposition des entrepreneurs par les Compagnies de chemins de fer qui, elles, indépendamment de ces récépissés créés par le groupeur, délivrent, en gare expéditrice, un récépissé applicable à l'envoi collectif ou groupage. A l'arrivée, les groupeurs sont tenus de transcrire sur un registre *ad hoc,* qui doit être signé par le destinataire, les principales indications des récépissés individuels et notamment leur numéro d'ordre.

Les dispositions édictées par la loi du 3o mars 1872 reçoivent leur application aussi bien lorsque le groupage est pratiqué à couvert que lorsqu'il est effectué à découvert.

Le groupage à découvert n'est admis par les Compagnies que tout autant que les colis groupés sont, chacun pris isolément, d'un poids de 4o kilogrammes. Toutes les fois que le poids est inférieur à 4o kilogrammes, le groupage des colis n'est possible qu'à couvert. Les colis groupés à découvert et d'un poids inférieur à 4o kilogrammes sont dégroupés par la Compagnie du chemin de fer qui les traite comme s'ils étaient expédiés séparément, et applique à chacun d'eux les arrondissements de poids et le minimum de perception prévus par les tarifs.

Il appartient, dans ces conditions, à la Compagnie de créer les récépissés pour les transports d'objets de moins de 4o kilogrammes groupés à découvert, puisque pour ces transports il ne peut être régulièrement procédé par voie de groupage.

L'étendue des dispositions de la loi de 1872 a été discutée et les tribunaux ont été appelés à se prononcer à cet égard à diverses reprises. Il a été reconnu, notamment, que la loi atteignait les syndicats commerciaux qui organisent un service de groupage des colis à expédier en grande et en petite vitesse de Paris à leurs adhérents, quoique leurs membres n'exercent pas habituellement l'industrie des transports.

· Il en est de même des commissionnaires qui réunissent des matières premières préparées par des fabricants et les expédient, par voie ferrée, à leurs représentants, chargés de les distribuer à divers ouvriers et de renvoyer ensuite les articles fabriqués.

Mais la loi laisse en dehors de son action les envois faits directement par les négociants et propriétaires de plusieurs colis à l'adresse d'un commissionnaire chargé d'en effectuer la remise à des destinataires différents.

Cependant, si les colis groupés sont remis par le négociant à un entrepreneur de transports qui lui prête son concours pour les expédier par le chemin de fer à un de ses correspondants chargé de distribuer les colis aux destinataires différents, il semble qu'on rencontre là une des hypothèses prévues par la loi.

Le tribunal de la Seine s'est cependant prononcé pour la négative, décidant que les prescriptions dont il s'agit ne peuvent s'appliquer aux groupes constitués par des particuliers, aussi bien dans le cas où ceux-ci envoient directement leurs marchandises à leurs correspondants que lorsqu'ils s'adressent à un intermédiaire de transports chargé de faire parvenir les colis remis en group au tiers désigné par l'expéditeur.

La loi de 1872 régit également les colis à destination de l'étranger, groupés en une ou plusieurs expéditions par les entrepreneurs de transports, et les colis reçus de l'étranger dans les mêmes conditions.

Nous avons vu, à propos des lettres de voiture ordinaires, que l'article 10 de la loi du 19 février 1874 prescrivait, pour les recouvrements effectués par les entrepreneurs de transports à titre de remboursement des objets transportés, et, en général, pour tous les transports fictifs ou réels de monnaies ou de valeurs effectués par ces entrepreneurs, la délivrance soit d'une lettre de voiture spéciale, soit d'un récépissé, ces deux instruments de transports supportant, l'un comme l'autre, le droit de 0 fr. 35.

Il nous suffit de rappeler ici ces dispositions, applicables aux transports par chemins de fer et effectués même plus particulièrement par cette voie.

Les lettres de voiture applicables aux transports de fonds ne sont pas les seules qui acquittent un droit de timbre réduit; il en est de même des lettres de voiture internationales qui accompagnent des marchandises transportées autrement qu'en grande vitesse.

En vue, en effet, d'établir une législation uniforme pour les transports internationaux de marchandises par chemins de fer en grande et en petite vitesse, différents États ont signé à Rome, le 14 octobre 1890, une convention internationale sur la base d'une lettre de voiture directe valable pour les expéditions effectuées du territoire de l'un des États contractants à destination du territoire d'un autre État contractant[1].

Aux termes de l'article 6 de cette convention, toute expédition internationale doit être accompagnée d'une «lettre de voiture» rédigée conformément aux indications qui s'y trouvent mentionnées. L'expéditeur est tenu de joindre à la lettre de voiture les papiers nécessaires à l'accomplissement des formalités de douane, d'octroi et de police.

Par application des règles de droit commun, les lettres de voiture internationales auraient dû, dans tous les cas, subir le tarif de 0 fr. 70, ce qui aurait constitué pour toute une catégorie de transports une aggravation sérieuse par rapport aux mêmes transports effectués à l'intérieur.

Pour éviter cette conséquence, une loi du 27 décembre 1892 a assujetti les lettres de voiture internationales créées en vertu de la convention de Berne pour le transport des marchandises par chemins de fer au même régime fiscal que les récépissés de chemins de fer.

[1] Une loi du 29 décembre 1891 a approuvé cette convention, qui a été ratifiée à Berne par les représentants des puissances contractantes le 30 septembre 1892. Cet acte international a été promulgué en France par décret du 25 novembre 1892 et il est entré en vigueur à partir du 1er janvier 1893.

Pour faciliter l'exécution de cette convention, il a été créé un *Office central des transports internationaux,* dont le siège est à Berne. Cet office est chargé de toutes les communications avec les États contractants et les Compagnies de chemins de fer intéressées. Voir sur cette convention l'article publié par M. Lyon-Caen dans le *Journal de droit international privé,* 1893.

Cette assimilation a pour effet de fixer le droit de timbre des lettres de voiture de l'espèce à o fr. 35 en grande vitesse et à o fr 70 en petite vitesse. De plus, ces droits s'appliquent à l'ensemble des formules dont l'emploi est nécessaire à l'expédition. Enfin les lettres internationales timbrées à o fr. 70 peuvent, comme les récépissés qui supportent le même droit, recevoir, en cours de route, certaines mentions modificatrices et continuer à accompagner les expéditions en dehors des voies ferrées.

La loi du 27 décembre 1892 ne modifie nullement l'obligation, imposée aux entrepreneurs de messagerie et autres intermédiaires qui se livrent à des opérations de groupage, de créer un récépissé individuel pour chacun des destinataires réels. La seule conséquence de cette loi consiste, à cet égard, dans le remplacement du récépissé collectif par une lettre de voiture internationale.

Elle laisse également subsister l'obligation imposée aux entrepreneurs de transports de créer aux frais de l'expéditeur de la marchandise un récépissé ou une lettre de voiture, au tarif uniforme de o fr. 35 pour le retour réel ou fictif des fonds ou valeurs recouvrés sur les destinataires à titre de remboursement des objets transportés.

En principe, les récépissés et les lettres de voiture des chemins de fer doivent recevoir l'empreinte effective du timbre.

Pour les récépissés visés en France, les droits de o fr. 35 et de o fr. 70 sont perçus par l'apposition du timbre à l'extraordinaire; ce timbre doit être apposé tant sur la souche que sur le récépissé remis à l'expéditeur et le double qui doit accompagner la marchandise et être mis, à l'arrivée, aux mains du destinataire. Ces empreintes multiples ne représentent, d'ailleurs, qu'un droit unique, car c'est l'expédition même qui est assujettie à l'impôt.

Pour les expéditions de provenance étrangère, destinées à circuler sur les chemins de fer français, un décret du 16 janvier 1890 a créé des timbres mobiles de o fr. 35 et de o fr. 70 qui sont apposés, dans les gares frontières, sur les récépissés ou les pièces en tenant lieu qui accompagnent les expéditions, par les soins des receveurs des douanes.

S'il s'agit d'expéditions venant de l'étranger par mer, il est procédé pour ces expéditions comme pour celles qui sont effectuées à l'intérieur : les Compagnies de chemins de fer doivent, avant de réexpédier les colis, créer des récépissés en la forme ordinaire.

Antérieurement au décret de 1890, créant des timbres spéciaux, les expéditions provenant de l'étranger étaient timbrées au moyen de l'apposition cumulative de timbres de o fr. 60 (dimension) et de o fr. 10 (décharge), ou de timbres de o fr. 25 (quittances des comptables publics) et de o fr. 10 (décharge). Les droits ainsi acquittés se trouvent, par suite, inexactement classés dans les recettes budgétaires de 1863 à 1890.

L'apposition matérielle du timbre sur les formules de récépissés obligeait les Compagnies à des débours importants à raison de la nécessité où elles se trouvaient d'approvisionner à l'avance toutes les gares de leur réseau de stocks suffisants pour parer au maximum de demandes de la part des expéditeurs.

Elles avaient, par suite, sollicité à plusieurs reprises l'autorisation d'acquitter l'impôt d'après un système moins onéreux pour elles.

Aux termes d'un arrêté, pris par le Ministre des finances le 9 juin 1892, intervenu à la suite d'un arrêt conforme du Conseil d'État, les Compagnies de chemins de fer qui en font la demande peuvent être autorisées à percevoir, sous leur responsabilité et à leurs risques et périls, les droits de timbre des récépissés de grande et de petite vitesse, qui sont, dans ce cas, dispensés de l'apposition matérielle du timbre. Il y est suppléé par une mention imprimée portant : «Droits de timbre perçus en compte avec le Trésor.»

Cette faculté s'étend, pour les Compagnies admises à en profiter, tant aux récépissés créés en France qu'aux récépissés provenant de l'étranger ou aux pièces en tenant lieu [1].

Les droits sont payés, en cas de trafic entre deux ou plusieurs Compagnies françaises, par celle qui a reçu de l'expéditeur les objets à transporter et, en cas de trafic international et de transit en France, par la Compagnie qui reçoit à la frontière les objets et marchandises provenant de l'étranger. Toutefois les droits afférents aux transports en trafic international direct «sous régime de douane» sont, par exception, portés au compte de la gare destinataire [2].

En vue de faire ressortir distinctement tant pour chaque arrivage ou expédition que pour l'ensemble des arrivages ou expéditions mensuels, les Compagnies ouvrent dans tous les registres et documents de comptabilité correspondant aux opérations de l'espèce une colonne spéciale ; les droits à o fr. 35 et o fr. 70 sont présentés séparément et, s'il n'y a pas lieu au payement de l'impôt, une mention spéciale le fait connaître.

Le payement provisionnel des droits représentant le timbre des récépissés à délivrer est effectué par anticipation le 1ᵉʳ de chaque mois ; il est

[1] Les six grandes Compagnies de chemins de fer français (Est, Midi, Nord, Orléans, Ouest, Paris-Lyon-Méditerranée) et l'administration des chemins de fer de l'État ont été autorisées, par une décision collective du 27 juin 1892, à user des nouvelles dispositions réglementaires : elles ont profité de cette autorisation à partir du 1ᵉʳ septembre suivant.

[2] Ces dispositions doivent être interprétées en ce sens que, pour les arrivages en trafic direct international, le droit doit figurer dans la comptabilité de la gare destinataire des écritures créées par l'étranger ; dans le cas, au contraire, de transports en transit par la France, sans réfection d'écritures, le droit est dû par la Compagnie à laquelle appartient la gare d'entrée en France.

calculé à raison de 85 p. 100 de la recette totale et définitive du mois correspondant de l'année précédente, mais sans déduction des excédents de versements qui auraient été reconnus sur les mois antérieurs.

Le règlement définitif a lieu, au plus tard, dans les soixante-quinze jours qui suivent l'expiration du mois auquel s'est appliqué le versement provisionnel. Le complément exigible doit être versé, pour les trois derniers mois de chaque année, au plus tard les 15 janvier, 15 février et 15 mars de l'année suivante. Ces droits complémentaires appartiennent au même exercice que le payement provisionnel qu'ils complètent [1]. D'un autre côté, si les versements provisionnels sont excessifs, le remboursement en est effectué sur les versements de l'exercice courant.

A l'appui du règlement définitif, les Compagnies fournissent un état indiquant, pour chaque gare expéditrice et distinctement pour les transports en grande et petite vitesse, le nombre des récépissés ainsi que le montant des droits perçus.

A défaut de payement régulier des droits et, d'une manière générale, en cas de violation de l'engagement souscrit conformément à l'arrêté ministériel, la faculté de payement sur état est retirée aux Compagnies, qui rentrent dans le droit commun.

En ce qui concerne l'arriéré, elles doivent désintéresser le Trésor; le recouvrement des sommes dont elles seraient débitrices serait, le cas échéant, poursuivi conformément aux règles spéciales de la législation sur le timbre [2].

Ce mode de payement s'applique également aux lettres de voiture et aux récépissés que les Compagnies de chemins de fer sont tenues d'établir dans le cas d'envois d'argent ou de marchandises contre remboursement, en conformité de la loi du 19 février 1874, et aux lettres de voiture internationales prévues par la Convention de Berne.

Mais l'arrêté du 9 juin 1892 exclut du même bénéfice les lettres de voiture et les récépissés individuels dont la loi du 30 mars 1872 impose la création aux entrepreneurs de transports dans le cas de groupage des colis transportés.

Les *Comptes de finances* permettent de suivre, depuis 1863, les encaissements effectués par le Trésor sur les droits de timbre des lettres de voiture et des récépissés des chemins de fer, et nous avons déjà donné plus haut quelques chiffres se rapportant à la période antérieure à 1872.

[1] Ainsi, les droits acquittés les 15 janvier, 15 février et 15 mars 1897 appartiennent à l'exercice 1896.

[2] Il nous a paru intéressant de faire connaître le mécanisme complet du payement de l'impôt sous le régime de 1892, l'arrêté du 9 juin étant peu connu en dehors de ceux qui ont à l'appliquer ou à en surveiller l'exécution.

Nous reprendrons notre examen à cette date, après avoir rappelé les chiffres des dernières années d'application du régime ancien :

1869. . . . . 5,849,500 francs.
1870. 4,354,100
1871. 4,771,600

Nous grouperons les résultats réalisés successivement pour les récépissés et les lettres de voiture spéciales (tarif de o fr. 35), pour les autres lettres de voiture (tarif de o fr. 70), enfin pour l'ensemble. en procédant par périodes quinquennales.

I. Récépissés et lettres de voiture spéciales des chemins de fer.

PÉRIODES.	PRODUITS ENCAISSÉS PAR LE TRÉSOR		ANNÉE DE CHAQUE PÉRIODE			
			LA PLUS FORTE.		LA PLUS FAIBLE.	
	pendant la période considérée.	Moyenne annuelle.	Années.	Produits.	Années.	Produits.
	francs.	francs.		francs.		francs.
1872-1875.....	27,532,700	6,883,100	1873...	6,302,300	1875...	7,552,800
1876-1880.....	43,950,500	8,790,100	1880...	10,364,000	1876...	7,624,900
1881-1885.....	38,121,100	7,624,200	1881...	8,228,400	1883...	7,269,400
1886-1890.....	41,992,400	8,298,500	1890...	8.822,000	1887...	8,108,200
1891-1895.....	41,165,000	8,233,000	1891...	9,617,800	1892...	7,497,200

II. Lettres de voiture ordinaires des chemins de fer.

PÉRIODES.	PRODUITS ENCAISSÉS PAR LE TRÉSOR		ANNÉE DE CHAQUE PÉRIODE			
			LA PLUS FORTE.		LA PLUS FAIBLE.	
	pendant la période considérée.	Moyenne annuelle.	Années.	Produits.	Années.	Produits.
	francs.	francs.		francs.		francs.
1872-1875.....	44,246,500	11,061,600	1875...	12,493,500	1872...	8,972,800
1876-1880.....	69,117,800	13,823,600	1880...	15,201,200	1876...	12,651,300
1881-1885.....	94,451,400	18,890,300	1884...	19,785,900	1881...	18,014,400
1886-1890.....	99,588,400	19,917,700	1890...	21,640,900	1887...	19,214,200
1891-1895.....	107,708,600	21.541,700	1895...	22,384,900	1892...	19.324,600

III. Récépissés et lettres de voiture des chemins de fer.

PÉRIODES.	PRODUITS ENCAISSÉS PAR LE TRÉSOR		ANNÉE DE CHAQUE PÉRIODE			
			LA PLUS FORTE.		LA PLUS FAIBLE.	
	pendant la période considérée.	Moyenne annuelle.	Années.	Produits.	Années.	Produits.
	francs.	francs.		francs.		francs.
1863-1865.....	10,614,000	3,594,600	1863...	2,401,800	1865...	4,208,900
1866-1870.....	24,889,200	4,977,800	1869...	5,849,500	1870...	4,354,100
1871-1875.....	76,550,900	15,310,200	1875...	20,046,300	1871...	4,771,600
1876-1880.....	113,108,300	22,621,700	1876...	20,276,200	1880...	25,565,200
1881-1885.....	132,572,400	26,514,500	1884...	27,401,900	1881...	26,242,700
1886-1890.....	141.580,900	28,316,200	1890...	30,462,900	1887...	27,322,400
1891-1895.....	148,873,600	29,774,700	1891...	31,712,400	1892...	26,821,800

Ces résultats sont intéressants : on ne saurait trop regretter, cependant, que les *Comptes de finances* se bornent à enregistrer, par quotité de tarifs, les droits de timbre perçus sur les lettres de voiture et les récépissés des chemins de fer, au lieu de distinguer entre les différentes catégories de contrats, selon notamment qu'ils s'appliquent aux envois ou aux retours de fonds prévus par la loi de 1874, qu'ils ont pour objet des transports à l'intérieur ou des transports internationaux, qu'ils portent sur des lettres de voiture ou des récépissés créés, en matière de groupage, par des intermédiaires de transports.

Un meilleur classement des produits fournirait des indications très utiles sur nombre de points, tandis que les chiffres que nous avons pu relever n'ont d'autre intérêt que de mettre en relief la marche continuellement ascendante des produits et par conséquent des transports auxquels s'appliquent les instruments taxés. Nous examinerons tout à l'heure ces résultats, en les rapprochant de ceux fournis par les colis postaux.

Enregistrement. — Au point de vue de l'enregistrement, les lettres de voiture des chemins de fer sont assujetties au même droit que les lettres de voiture ordinaires. Quant aux récépissés, en cas de production en justice, ils devraient également le droit de 3 fr. 75. Le produit de ces droits ne ressort pas distinctement dans les *Comptes de finances*.

TRAMWAYS : BULLETINS D'EXPÉDITION.

Le développement rapide des transports par tramways devait amener une situation un peu identique à celle que nous avons signalée plus haut, pour les chemins de fer, et qui a donné lieu aux arrêts de 1860 et de 1862.

Timbre. — Les Compagnies de tramways étaient-elles tenues, comme les Compagnies de chemins de fer, de délivrer des récépissés aux expéditeurs de marchandises? Dans un avis du 27 octobre 1891, le Conseil d'État s'est prononcé pour l'affirmative.

Le Conseil a reconnu que la délivrance d'un récépissé était obligatoire au point de vue fiscal, pour les tramways aussi bien que pour les chemins de fer, en vertu de la loi du 13 mai 1863, alors même que le cahier des charges ne l'imposerait pas aux concessionnaires.

Mais le tarif de 1863 a paru trop élevé pour les récépissés de cette catégorie et l'article 38 de la loi de finances du 28 avril 1893 a réduit à 0 fr. 10, pour chaque expédition, le droit de timbre des récépissés, bulletins d'expédition ou autres pièces en tenant lieu, délivrés par les Compagnies de tramways pour les transports sur leurs réseaux en grande et en petite vitesse. Cette taxe comprend le droit afférent à la décharge donnée par le destinataire.

De plus, contrairement aux règles appliquées aux récépissés des Compagnies de chemins de fer qui supportent le droit réduit de 0 fr. 35, la loi de 1893 dispose que les bulletins d'expédition de l'espèce peuvent servir de lettres de voiture pour les transports qui, indépendamment du réseau de tramways, empruntent les routes, canaux et rivières.

Mais ces bulletins ne sauraient être utilisés pour un transport par chemin de fer, alors même qu'entre les gares de chemins de fer et les stations de la ligne de tramways il existerait un service régulier de correspondance.

Toutefois les Compagnies de tramways ont la faculté, si elles prévoient une sortie sur le réseau des chemins de fer, de délivrer des récépissés, timbrés à 0 fr. 35 ou à 0 fr. 70, qui peuvent alors servir régulièrement pour le transport, tant sur leurs propres lignes que par chemins de fer.

Les récépissés des Compagnies de tramways sont revêtus du timbre extraordinaire à l'encre noire.

Enregistrement. — Ces récépissés sont assimilables à ceux des Compagnies de chemins de fer au point de vue de l'enregistrement.

Les droits perçus par le Trésor, soit pour le timbre, soit pour l'enregistrement, ne figurent pas distinctement dans les *Comptes de finances ;* on ne peut, par suite, suivre le mouvement des transports auxquels ces droits s'appliquent. C'est encore là une lacune à regretter.

COLIS POSTAUX : BULLETINS D'EXPÉDITION.

Nous avons maintenant à nous occuper d'une catégorie de transports qui jouit, au point de vue fiscal, d'une situation particulièrement favorable : ce sont les colis postaux transportés en grande vitesse.

Le service des colis postaux a été réglé entre l'État et les grandes Compagnies de chemins de fer et de navigation par un traité du 2 novembre 1880, approuvé par une loi du 3 mars 1881.

Ce traité avait pour objet d'assurer le transport des colis postaux de 3 kilogrammes et au-dessous, tant en trafic intérieur qu'en trafic international.

A la suite de cet accord, la France signait le 3 novembre 1880, avec plusieurs Etats étrangers une convention internationale réglant les conditions du transport des colis de l'espèce entre les pays contractants. Cette convention a été approuvée par la loi précitée du 3 mars 1881 [1].

Par un second traité, intervenu le 22 août 1881, conformément à la loi du 25 juillet précédent, entre l'État et les Compagnies de chemins de fer et de navigation, les conditions de volume et de dimension, prévues dans le traité de 1880, ont été supprimées et, en même temps, la faculté de l'envoi contre remboursement a été accordée aux colis postaux.

Enfin, aux termes d'un dernier traité, en date du 5 janvier 1892, approuvé par une loi du 12 avril 1892, le service des colis postaux a été étendu à toutes les localités desservies par les correspondances de chemins de fer ou, à défaut, par des courriers de dépêches en voiture; le poids maximum des colis, porté de 3 à 5 kilogrammes; et la valeur des envois contre remboursement, élevée de 100 à 500 francs.

En trafic international, les mêmes avantages ont été réalisés par la convention du 4 juillet 1891, approuvée par la loi du 13 avril 1892, tant au point de vue du poids que de la faculté d'expédition contre remboursement. Mais les conditions de volume et de dimension des colis, prévues dans la convention initiale de 1880, continuent à être appliquées.

Timbre. — L'article 5 de la loi du 3 mars 1881 a soumis à un droit de timbre uniforme de 0 fr. 10, y compris le droit de la décharge donnée par le destinataire, chaque expédition de colis postal par les transports terrestres [2].

La loi du 3 mars 1880 ne modifie les dispositions des lois des 13 mai 1863, 28 février et 30 mars 1872 qu'en ce qui concerne la forme des récépissés de colis postaux.

Pour tous les transports de cette catégorie, les récépissés sont délivrés

[1] Les États ayant adhéré au trafic international des colis postaux sont les suivants : Allemagne, République Argentine, Autriche-Hongrie, Belgique, Brésil, Bulgarie, République de Colombie, Danemark et ses colonies, Égypte, Espagne, Grande-Bretagne et ses colonies, Grèce, Italie, République de Libéria, Luxembourg, Mexique, Monténégro, Norwège, Pays-Bas et colonies néerlandaises, Portugal et ses colonies, Roumanie, Salvador, Serbie, Siam, Suède, Suisse, Tunisie, Turquie, Uruguay, Venezuela.

[2] Voir *infra* pour les transports maritimes.

sous le titre de «bulletins d'expédition»; ils ne contiennent obligatoirement que les indications relatives au nom et au domicile de l'expéditeur, au nom du destinataire et au lieu de destination. Le double pour le destinataire, prescrit par la loi de 1863, n'est pas nécessaire.

Mais les prescriptions relatives a la délivrance obligatoire du bulletin et à l'exigibilité de l'impôt sont intégralement conservées. Le droit réduit de o fr. 10 est acquis au Trésor dans le cas où la taxe antérieure qu'il remplace était elle-même exigible. Ce droit est dû pour chaque expédition adressée au même destinataire; il s'applique à l'ensemble du bulletin d'expédition, notamment à la partie de ce bulletin destinée à l'envoyeur.

La réexpédition d'un colis postal, soit sur le point de départ, soit sur une autre localité, constitue une expédition donnant ouverture à un droit de timbre de o fr. 10, sauf le cas de fausse direction ou d'erreur de service.

Les prescriptions de la loi du 19 février 1874 sont applicables aux colis postaux dans les mêmes conditions que pour toutes autres expéditions, sauf en ce qui concerne le tarif. Le droit de o fr. 35 a été réduit, en effet, à o fr. 10 pour chaque expédition par colis postal, aux termes de l'article 5 de la loi du 25 juillet 1881.

Les bulletins d'expédition peuvent servir de titre non seulement aux transports qui emprunteraient après la voie ferrée une route, un canal ou une rivière, règle applicable, ainsi qu'on l'a vu, aux lettres de voiture ordinaires et aux lettres de voiture des chemins de fer et aux bulletins des tramways, mais aussi aux transports qui se continueraient par mer.

Les dispositions de la loi du 30 mars 1872 sur le groupage sont applicables aux envois collectifs des colis postaux, toutes les fois que les expéditions sont effectuées par des intermédiaires de transports. Ces expéditions donnent lieu, dans ce cas, à autant de droits de o fr. 10 qu'il y a de colis groupés et à un droit de o fr. 35 pour le récépissé collectif délivré à l'entrepreneur de transport qui ne saurait jouir de la disposition tout exceptionnelle que la loi de 1881 accorde seulement aux expéditeurs et aux destinataires réels.

Pour toutes les expéditions provenant de l'intérieur [1], quelle que soit leur destination, les bulletins d'expédition sont timbrés à l'extraordinaire

[1] On doit entendre par «intérieur» le territoire de la France continentale. Cette expression, appliquée à l'Algérie, à la Corse ou aux colonies, comprend de même, d'une manière exclusive, l'étendue de leurs territoires respectifs. Par rapport à chacun de ces pays, l'«extérieur» embrasse tout ce qui ne fait pas partie du territoire de chacun d'eux.

Ainsi les colis postaux, expédiés d'un point du continent français sur un autre point du continent français, d'un point de la Corse sur un autre point de la Corse, d'un point de l'Algérie sur un autre point de l'Algérie, circulent à l'«intérieur»; tandis que les colis postaux arrivant soit du continent français ou de la Corse dans un port d'Algérie, soit du continent français ou de l'Algérie dans un sur la partie de la formule qui doit rester aux mains de la Compagnie; ils portent, en outre, une mention imprimée indiquant qu'ils s'appliquent à des colis postaux.

Pour les expéditions provenant de l'extérieur, le service des douanes appose sur les déclarations collectives que les Compagnies sont tenues d'établir autant de timbres de o fr. 1o qu'il y a d'expéditions sujettes à la taxe[1].

Les colis postaux transportés dans l'intérieur d'une même ville sont soumis à un régime particulier. Aux termes de l'article 6 de la loi du 25 juillet 1881, les récepissés, bulletins d'expédition et décharges relatifs aux transports des colis postaux expédiés et distribués dans la même ville sont exempts du timbre de o fr. 10, mais cette exception ne doit pas être étendue à la transmission des sommes encaissées à titre de remboursement. Les bulletins de cette catégorie supportent le droit de o fr. 10.

Les *Comptes de finances* mentionnent depuis 1881 le chiffre global des droits de timbre des bulletins d'expédition de colis postaux, mais sans distinguer ceux afférents aux envois ou aux retours de fonds.

Voici ces résultats par périodes quinquennales :

PÉRIODES.	PRODUITS ENCAISSES PAR LE TRÉSOR [1]		ANNÉE DE CHAQUE PÉRIODE			
			LA PLUS FORTE.		LA PLUS FAIBLE.	
	pendant la période considérée.	Moyenne annuelle.	Années.	Produits.	Années.	Produits.
	francs.	francs.		francs.		francs.
1881-1885.....	6,170,000	1,234,000[2]	1885...	1,952,400	1881...	307,000
1886-1890.....	11,425,300	2,285,000	1890...	2,597,200	1886...	1,895,100
1891-1895.....	18,585,000	3,717,000	1895...	4,180,300	1891...	2,812,600

[1] Les droits de timbre des bulletins d'expédition délivrés par les Compagnies de tramways se trouvent englobés dans ces résultats sans ventilation possible, depuis 1893. — Ils sont peu élevés.

[2] Cette somme représente la moyenne mathématique de la période quinquennale, mais l'année 1881 ne fournissant qu'un résultat partiel, on se rapprocherait davantage de la vérité en écartant cette année de calcul.
1882-1885 donnant 5,863,000 francs, la moyenne serait de 1,465,700 francs et l'année la plus faible, 1882, avec 1,160,200 francs.

La marche ascendante de l'impôt s'affirme nettement non, seulement d'une période à l'autre, mais d'une année à l'autre sans aucun recul.

port de la Corse, soit enfin de l'Algérie ou de la Corse dans un port du continent français, viennent de l'«extérieur», de même que s'ils arrivaient d'un pays étranger.

[1] Les Compagnies établissent également, mais séparément, des déclarations collectives des colis en transit que la loi du 24 juillet 1881, modifiant celle du 3 mars précédent, a exemptés de l'impôt.

Il est intéressant de rapprocher ces résultats de ceux que nous avons noté plus haut pour les lettres de voiture et les récépissés de chemins de fer aux tarifs ordinaires, d'en déduire le nombre des transports de chaque catégorie pour lesquels il a été créé des instruments de transports correspondants et de rapprocher ces différents résultats.

Voici d'abord les produits de l'impôt par périodes quinquennales pour chacune des catégories considérées[1] :

PÉRIODES.	PRODUITS ENCAISSÉS PAR LE TRÉSOR POUR DROITS DE TIMBRE SUR LES CONTRATS DE TRANSPORTS PAR VOIES FERRÉES.				
	GRANDE VITESSE.			PETITE VITESSE.	TOTAUX.
	Récépissés et lettres de voiture spéciales. — 35 centimes.	Bulletins d'expéditions de colis postaux. — 10 centimes.	ENSEMBLE.	Lettres de voiture. — 70 centimes.	
	francs.	francs.	francs.	francs.	francs.
1876-1880 [1]..	43,990,500	"	43,990,500	69,117,800	113,108,300 [2]
1881-1885.....	38,121,000	6,170,000	44,291,000	94,451,400	138,742,400
1886-1890.....	41,992,400	11,465,300	53,457,700	99,588,400	153,046,100
1891-1895.....	41,165,000	18,585,000	59,750,000	107,708,600	167,458,600

[1] Le rapprochement n'a pas été poursuivi pour les périodes anciennes, l'application de tarifs différents en 1871 et 1872 ne permettant pas de calculer le nombre des contrats sur les chiffres globaux inscrits dans les *Comptes des finances.*

[2] A rapprocher les chiffres globaux des périodes anciennes :
1863-1865... 10,613,900 francs.
1866-1870... 24,889,200
1871-1875... 71,779,200

Le nombre des contrats de chaque catégorie taxés pour les mêmes périodes s'établit, dès lors, ainsi qu'il est indiqué dans le tableau ci-après.

La réforme de 1881 et de 1891 a donc donné les meilleurs résultats. La détaxe a profité largement aux contribuables sans occasionner de perte au Trésor; c'est à peine si l'exercice 1892 a subi un léger décroissement. Les produits ont retrouvé, dès 1893, les chiffres des exercices précédents et ils n'ont pas tardé à les dépasser.

[1] Étant entendu que certaines corrections seraient à faire au point de vue du classement, corrections que ne permet pas le mode d'établissement des comptes sur lesquels les chiffres produits ont été relevés.

Les différences existantes ne paraissent pas vicier les conclusions que les rapprochements d'ensemble nous permettent d'effectuer.

PÉRIODES.	NOMBRE DES CONTRATS DE TRANSPORTS PAR VOIES FERRÉES DÉDUIT DES PRODUITS DE L'IMPÔT ET RÉPARTI PAR CATÉGORIE DE TRANSPORTS.				
	GRANDE VITESSE.			PETITE VITESSE.	TOTAUX.
	Récépissés et lettres de voiture spéciales.	Bulletins d'expéditions de colis postaux.	ENSEMBLE.	Lettres de voiture.	
	35 centimes.	10 centimes.		70 centimes.	
	nombre.	nombre.	nombre.	nombre.	nombre.
1876-1880.....	125,687,000	"	125,687,000	98,739,700	224,426 700
1881-1885.....	108,917,000	61,700,000	170,617,000	134,930,600	305,547,600
1886-1890.....	119,978,000	114,653,000	234,631,000	142,269,100	376,900,100
1891-1895.....	117,614,000	185,850,000	303,464,000	153,869,400	457,333,400

Enregistrement. — Notons en terminant l'examen des colis postaux que, dans le cas de présentation à la formalité de l'enregistrement, de bulletins d'expédition de colis postaux, le droit serait, comme pour les autres récépissés, de 3 fr. 75. (Voir *supra*.)

Avant de passer à l'étude des transports maritimes, nous réunirons dans un tableau d'ensemble les produits des droits de timbre perçus, pour chacune des périodes quinquennales que nous avons considérées, sur les contrats de toute nature se rapportant aux transports terrestres :

PÉRIODES [1].	PRODUITS ENCAISSÉS PAR LE TRÉSOR		ANNÉE DE CHAQUE PÉRIODE			
			LA PLUS FORTE.		LA PLUS FAIBLE.	
	pendant la période considérée.	Moyenne annuelle.	Années.	Produits.	Années.	Produits.
	francs.	francs.		francs.		francs.
1863-1865.....	10,613,900	3,534,600	1865...	4,208,900	1863...	2,401,800
1866-1870.....	26,732,300	5,346,500	1869...	6,617,600	1866...	4,501,900
1871-1875.....	77,921,300	15,584,300	1875...	20,181,200	1871...	5,187,774
1876-1880.....	113,454,700	22,690,900	1880...	25,622,500	1876...	20,357,900
1881-1885.....	138,994,700	27,798,900	1884...	28,915,900	1881...	26,601,000
1886-1890.....	153,420,900	30,684,200	1890...	33,161,800	1887...	29,693,500
1890-1895.....	168,029,000	33,605,800	1895...	35,109,500	1892...	30,533,700

[1] Les produits des droits de timbre apparaissent dans les *Comptes des finances* : en 1863, pour les récépissés de chemins de fer ; — en 1868, pour les lettres de voiture ordinaires ; — en 1881, pour les bulletins d'expédition de colis postaux ; — en 1893, pour les bulletins d'expédition délivrés par les Compagnies de tramways, mais englobés dans les précédents.

TRANSPORTS MARITIMES.

CHARTES-PARTIES.

La charte-partie est l'acte qui constate l'affrètement ou le nolisement d'un navire, convention d'après laquelle une personne loue à une autre un navire, en tout ou en partie, pour un usage déterminé et moyennant un salaire convenu.

Timbre. — Au point de vue de l'impôt du timbre, les chartes-parties ont été traitées par le législateur comme les lettres de voiture : timbre de dimension (art. 56 de la loi du 9 vendémiaire an VI); — droit de 1 franc (art. 5 de la loi du 6 prairial an VII); — retour au timbre de dimension (décret du 3 janvier 1809).

Les droits de timbre perçus sur les chartes-parties sont englobés dans les produits du timbre de dimension sans ventilation possible.

Enregistrement. — Le contrat de fret ou la charte-partie contient deux conventions : l'une qui donne droit d'occuper le navire dans la proportion et les conditions stipulées, l'autre qui est l'engagement de conduire au lieu convenu les marchandises chargées. C'est donc un contrat mixte, mais qui, selon les règles du droit fiscal, ne peut donner ouverture qu'à un seul droit à percevoir sur la disposition principale.

Si, aux termes du contrat, le fréteur conserve la direction de son navire, est chargé de veiller à son gréement et d'acquitter les droits et qu'il demeure passible de dommages-intérêts en cas de retard ou d'avaries, lorsqu'il s'est obligé, en somme, envers l'affréteur à transporter à ses risques et périls les marchandises de celui-ci, la disposition dominante est le louage de services, et le droit de 1 fr. p. 100 [1] en principal [2] est exigible sur le prix stipulé pour le transport.

Lorsque, au contraire, l'armateur cède entièrement à l'affréteur la conduite et la direction du navire pour un temps déterminé et pour faire tel voyage ou transporter telles marchandises, le fréteur est déchargé de toute responsabilité pour tout le voyage, et l'équipage passe réellement au service personnel de l'affréteur. Il s'agit alors d'un contrat par lequel l'armateur cède véritablement à l'affréteur la jouissance de son navire tout gréé

[1] Loi du 22 frimaire an VII, art. 69, § 3, n° 1.

[2] Les décimes ont varié avec les époques; ils sont actuellement au nombre de deux et demi (lois des 6 prairial an VII, art. 1er; 23 août 1871, art. 1er; 30 décembre 1873, art. 2). — Principal, 1 franc; décimes, 0 fr. 25; au total, 1 fr. 25 p. 100.

et, comme bail d'objets mobiliers, l'acte tombe sous l'application du tarif de o fr. 20 p. 100 [1] en principal [2].

Ces droits ne ressortent pas distinctement dans les *Comptes de finances;* on en ignore absolument l'importance.

CONNAISSEMENTS.

L'article 222 du Code de commerce définit le connaissement, la reconnaissance contenant la désignation des marchandises à transporter que le capitaine doit fournir à l'affréteur.

Le connaissement renferme les énonciations qui, d'après l'article 273 du Code de commerce, figurent dans la charte-partie; il spécifie, en outre, la nature et la quantité des marchandises à transporter : aussi, dans la pratique, tient-il lieu, le plus souvent, de charte-partie. Mais il ne saurait se confondre avec celle-ci, car s'il contient la preuve du contrat de transport, il ne saurait, en aucun cas, être assimilé à un bail total ou partiel de navire.

Chaque connaissement doit, conformément aux prescriptions de l'article 282 du Code de commerce, être rédigé en quatre originaux au moins : un pour le chargeur, un pour celui à qui les marchandises sont adressées, un pour le capitaine, un pour l'armateur du bâtiment.

Les quatre originaux sont signés par le chargeur et par le capitaine dans les vingt-quatre heures après le chargement. Ce nombre de quatre exemplaires n'est pas limitatif; les parties peuvent en rédiger un plus grand nombre si elles le jugent utile, notamment en raison des chances de perte de celui qui est transmis au destinataire.

Timbre. — Ces dispositions de la loi commerciale ont été utilisées pour assurer le recouvrement de l'impôt du timbre.

Les connaissements ont successivement subi le droit de timbre de dimension (art. 56 de la loi du 9 vendémiaire an VI), le droit de 1 franc (art. 5 de la loi du 6 prairial an VII), et, de nouveau, le droit de timbre de dimension (décret du 3 janvier 1809) jusqu'en 1872.

A cette date, le droit de timbre des connaissements a été spécialisé et il s'est transformé en un droit fixe particulier.

L'article 3 de la loi du 30 mars 1872 a tout d'abord rendu obligatoire la rédaction de connaissements.

Cet article dispose, en effet, que tout transport par mer et sur les fleuves et canaux dans le rayon de l'inscription maritime doit être accompagné de connaissements.

[1] Lois des 22 frimaire an VII, art. 69, § 3, n° 2; 16 juin 1824, art. 1er.

[2] En plus, deux décimes et demi. (Voir p. 24, note 2.) — Principal, o fr. 20; décimes, o fr. 05; au total. o fr. 25 p. 100.

Puis il fixe les droits à percevoir et il en règle le mode de perception.

Pour les connaissements créés en France se rapportant à la navigation au long cours ou au grand cabotage, l'original aux mains du capitaine — le connaissement-chef — doit être timbré à 2 fr. 40 ; pour le petit cabotage, à 1 fr. 20. Les doubles reçoivent une estampille de contrôle sans valeur [1].

Dans le cas où il est rédigé plus de quatre connaissements — ce que révèle, sur le connaissement-chef, la mention prescrite par l'article 1325 du Code civil, que la loi fiscale utilise également — il est apposé, sur ce connaissement, autant de timbres mobiles qu'il a été fait de connaissements supplémentaires.

L'omission de la mention entraîne l'exigibilité d'un triple droit : 7 fr. 20 pour les connaissements de grand cabotage, 3 fr. 60 pour ceux de petit cabotage.

Les connaissements venant de l'étranger doivent être soumis au timbre avant tout usage en France. Le connaissement entre les mains du capitaine est soumis à un droit minimum de 1 fr. 20, représentant le timbre de ce connaissement et celui de l'original destiné au consignataire de la marchandise. S'il est représenté plus de deux connaissements, il est perçu autant de fois 0 fr. 60 qu'il est représenté de connaissements supplémentaires.

On ne saurait, en l'état actuel de la législation, empêcher l'inscription sur le même connaissement, de marchandises adressées à plusieurs destinataires. Dès l'instant que le connaissement a acquitté les droits de timbre exigés par la loi de 1872, le Trésor est désintéressé. Mais si le connaissement-chef constate que les marchandises transportées sont à l'adresse de destinataires distincts, parties directes au contrat, un double devant être exigé de chacun d'eux d'après l'article 1325 du Code civil, il est dû, indépendamment du droit de 2 fr. 40 ou de 1 fr. 20, un droit de 0 fr. 60 pour le connaissement supplémentaire de chaque destinataire, sans tenir compte de la mention inexacte mise sur le connaissement original.

Toutefois le droit de 0 fr. 60 ne désintéresse le Trésor qu'autant que le connaissement supplémentaire, rédigé pour chaque destinataire, présente le caractère d'un véritable double de l'original. S'il n'est pas la reproduction entière, textuelle, du connaissement remis au capitaine, il constitue, par lui-même, un acte distinct, et il est passible, à ce titre, du droit de 2 fr. 40 ou de 1 fr. 20.

Les droits de timbre exigibles sur les connaissements créés en France

[1] Les expéditions entre ports français et ports d'Algérie appartiennent au grand cabotage.

Sont considérées comme petit cabotage, celles effectuées entre les ports de l'Océan et les ports de la Manche ; on admet, en effet, qu'il y a, dans ce cas, navigation côtière dans la même mer.

sont acquittés, indifféremment, par le timbrage à l'extraordinaire ou par l'apposition de timbres mobiles.

Pour les connaissements venant de l'étranger, les droits sont acquittés au moyen de timbres mobiles apposés par les soins du service des douanes.

La loi de 1872 n'est pas applicable aux transports maritimes de colis postaux ; le droit de o fr. 10 est seul dû aux termes de la loi du 3 mars 1881. Dans le cas de transports mixtes, c'est-à-dire successivement effectués par voie terrestre et par mer, il n'est dû qu'un droit unique de o fr. 10 pour l'ensemble du transport.

Si le titre de transport est créé en France, le droit de o fr. 10 est perçu par le timbrage à l'extraordinaire ; s'il vient de l'étranger, par l'apposition d'un timbre mobile.

Depuis la mise en vigueur de la loi du 3o mars 1872, les droits de timbre perçus sur les connaissements figurent distinctement dans les *Comptes de finances*. Nous en relèverons les produits par périodes quinquennales, ainsi que nous l'avons pratiqué pour les autres contrats de transports :

| PÉRIODES. | PRODUITS ENCAISSÉS PAR LE TRÉSOR | | ANNÉE DE CHAQUE PÉRIODE | | | |
| | | | LA PLUS FORTE. | | LA PLUS FAIBLE. | |
	pendant la période considérée.	Moyenne annuelle.	Années.	Produits.	Années.	Produits.
	francs.	francs.		francs.		francs.
1872-1875.....	6,923,800	1,730,900	1875...	1,887,900	1872...	1,425,800
1876-1880.....	9,350,300	1,870,000	1880...	1,986,300	1877...	1,763,400
1881-1885.....	10,099,400	2.019,900	1883...	2,074,700	1885...	1.969,800
1886-1890.....	11,054,400	2,210,900	1890...	2,400,000	1886...	2,075,800
1891-1895.....	11,336,700	2,267,300	1891...	2,365,600	1895...	2,240,000

Ces résultats sont moins favorables que ceux que nous ont fournis les transports terrestres. L'accroissement, d'une période à l'autre, est peu sensible, et, d'un autre côté, le décroissement continu de chacune des années 1891 à 1895, paraît être l'indice de moins-values sérieuses dans le rendement de l'impôt en ce qui touche cette branche de transports.

Enregistrement. — Dans le cas de présentation à la formalité de l'enregistrement de « connaissements ou reconnaissances de chargements par mer », ces contrats subissent le droit de 5 fr. 625, en principal et décimes, et « il est dû un droit pour chaque personne à qui les envois sont faits ».

La règle de perception est donc la même que pour les lettres de voiture ; le tarif seul, qui était identique à l'origine, est aujourd'hui différent[1].

Il n'y a pas à distinguer entre les transports ordinaires et les transports d'argent ; le droit fixe est applicable également dans ce dernier cas.

Lorsque le connaissement est à ordre et, par suite, transmissible par voie d'endossement, cet endossement ne donne pas ouverture à un droit particulier.

Il est à peine besoin de répéter que les *Comptes de finances* ne fournissent aucune indication sur le montant des droits d'enregistrement perçus sur les connaissements.

Nous avons ainsi épuisé la série des contrats de transports, sans avoir l'occasion de relever un seul chiffre à cet égard.

CONCLUSIONS.

Avant de clore cette étude, nous dresserons, dans un dernier tableau, un état d'ensemble des droits de timbre perçus sur les contrats de transports par périodes quinquennales, résumant ainsi les chiffres de détail que nous avons successivement produits :

| PÉRIODES. | PRODUITS ENCAISSÉS PAR LE TRÉSOR | | ANNÉE DE CHAQUE PÉRIODE | | | |
| | LA PLUS FORTE. | | LA PLUS FAIBLE. | | |
	pendant la période considérée.	Moyenne annuelle.	Années.	Produits.	Années.	Produits.
	francs.	francs.		francs.		francs.
1863-1865.....	10,613,900	3,534,600	1865...	4,208,900	1863...	2,401,800
1866-1870.....	26,732.300	5,346,500	1869...	6,617,600	1866...	4,501,900
1871-1875.....	84,805,900	16,961,200	1875...	22,069,100	1871...	5,187,800
1876-1880.....	122,804,900	24,561,000	1880...	27,608,900	1876...	22,174,700
1881-1885.....	149,094,000	29,818,800	1884...	30,884.800	1881...	28,624,000
1886-1890.....	164,475,300	32,895,000	1890...	35,561,800	1887...	31,802,700
1891-1895.....	179,365,800	35,873,200	1895...	37,349,500	1892...	32,836,800

Si, d'un autre côté, nous effectuons le rapprochement des produits pour

[1] Droit fixé en principal à 1 franc (loi du 22 frimaire an vii, art. 68, § 1, n° 20) ; à 3 francs (loi du 28 avril 1816, art. 44, n° 6) ; à 4 fr. 50 (loi du 28 février 1872, art. 4).

Les décimes actuellement en vigueur portent le droit de 4 fr. 50 à 5 fr. 625. (Voir *supra*, note 1, p. 7.)

des années prises de dix en dix ans dans les périodes considérées, nous obtenons les constatations suivantes :

ANNÉES.	TRANSPORTS TERRESTRES.	TRANSPORTS MARITIMES.	ENSEMBLE.
	francs.	francs.	francs.
1865......................	4,208,900	(Non connu).	4,208,900
1875......................	20,181,200	1,887,900	22,069,100
1885......................	28,287,500	1,969,800	30,257,200
1895......................	35,609,500	2,240,000	37,349,500

Ce rendement, qui représente par rapport aux produits globaux de l'impôt du timbre 4.94 p. 100 en 1865, 14.26 p. 100 en 1875, 19.55 p. 100 en 1885 et 22.73 p. 100 en 1895, assure aux droits de l'espèce le premier rang dans la catégorie des droits de timbre spéciaux et les place, dans l'ensemble, immédiatement après le timbre de dimension qui arrive en première ligne avec 50,707,300 francs seulement en 1895.

On a proposé, à différentes reprises, la modification du régime fiscal des contrats de transports. L'article 7 de la loi de finances du 17 juillet 1889 avait même remplacé le tarif de o fr. 70, en petite vitesse, par un tarif gradué, à partir du 1ᵉʳ janvier 1890 ; mais l'insuffisance de recettes que ce remaniement aurait occasionnée et les difficultés d'exécution des dispositions nouvelles en ont fait prononcer l'abrogation par la loi du 26 décembre 1889, avant leur mise à exécution.

Un projet nouveau fut alors déposé, mais il n'est pas venu en discussion devant le Parlement.

Il n'est pas douteux cependant qu'il y a quelque chose à faire, en faveur surtout des lettres de voiture délivrées en petite vitesse par les Compagnies de chemins de fer. Le droit de o fr. 70 constitue certainement une charge excessive pour les transports de peu d'importance, et il semble, par suite, que ce soit là l'effort principal à tenter.

Mais on ne saurait toucher qu'avec précaution à une branche de produits aussi importante et nous croyons que le meilleur système à suivre consisterait à abaisser successivement, au fur et à mesure du développement de la matière imposable, le droit de o fr. 70 jusqu'à ce qu'il ait atteint celui de o fr. 35, applicable à la grande vitesse, puis de réduire, pour les deux catégories de transports, le droit à o fr. 25, peut-être même à o fr. 10 dans la plupart des cas.

Ce mode de procéder a d'ailleurs déjà fait ses preuves avec les colis postaux, ainsi que le démontrent les chiffres que nous avons produits. On ne saurait s'en étonner, car il est à la fois conforme aux principes économiques et aux saines traditions budgétaires.

[ANNEXE.]   PRODUITS DES DROITS DE TIMBRE PERÇUS   SUR LES CONTRATS DE TRANSPORTS (1863-1895).

ANNÉES.	ROUTES, FLEUVES et canaux. Lettres de voiture ordinaires (¹).	CHEMINS — GRANDE VITESSE. Récépissés et lettres de voiture spéciales.	Bulletins d'expédition de colis postaux.	Ensemble.	1	DE FER. — PETITE VITESSE. Lettres de voiture.	TOTAUX. (Chemins de fer.)	TOTAUX. (Transports terrestres.)	TRANSPORTS MARITIMES. — CONNAISSEMENTS (²).	TOTAUX GÉNÉRAUX. CONTRATS DE TRANSPORTS de toutes catégories.
	2	3	4	5		6	7	8	9	10
	francs.	francs.	francs.	francs.			francs.	francs.	francs.	francs.
1863	»	»	»	»	1	»	2,401,823	2,401,823	»	2,401,823
1864	»	»	»	»	2	»	4,003,246	4,003,246	»	4,003,246
1865	»	»	»	»	3	»	4,208,900	4,208,900	»	4,208,900
1866	»	»	»	»	4	»	4,501,929	4,501,929	»	4,501,929
1867	»	»	»	»	5	»	4,754,373	4,754,373	»	4,754,373
1868	593,697	»	»	»	6	»	5,429,312	6,023,009	»	6,023,009
1869	767,686	»	»	»	7	»	5,849,502	6,617,588	»	6,617,588
1870	481,271	»	»	»	8	»	4,354,097	4,835,368	»	4,835,368
1871	416,187	»	»	»	9	»	4,771,637	5,187,774	»	5,187,774
1872	437,260	6,705,790	»	6,705,790	10	8,972,796	15,678,586	16,115,846	1,425,806	17,541,652
1873	228,797	6,302,333	»	6,302,333	11	10,927,181	17,229,514	17,458,311	1,812,214	19,270,525
1874	153,125	6,971,797	»	6,971,797	12	11,853,081	18,824,878	18,078,003	1,797,825	20,775,828
1875	134,940	7,552,779	»	7,552,779	13	12,493,482	20,046,261	20,181,201	1,687,926	22,069,127
1876	81,728	7,624,884	»	7,624,884	14	12,651,320	20,276,204	20,357,932	1,816,823	22,174,755
1877	79,396	7,833,518	»	7,833,518	15	12,951,533	20,785,046	20,864,442	1,763,423	22,627,865
1878	64,533	8,782,229	»	8,782,229	16	13,826,161	22,608,390	22,672,923	1,884,872	24,557,795
1879	63,428	9,385,833	»	9,385,833	17	14,487,581	23,873,414	23,926,842	1,898,811	25,835,653
1880	57,372	10,364,042	»	10,364,042	18	15,201,165	25,565,207	25,622,529	1,986,340	27,608,919
1881	51,275	8,228,362	307,040	8,535,402	19	18,014,389	26,549,791	26,601,066	2,023,708	28,624,774
1882	43,786	7,422,409	1,160,218	8,582,627	20	18,844,780	27,427,407	27,471,193	2,062,237	29,533,430
1883	49,003	7,269,381	1,287,648	8,557,029	21	19,113,016	27,670,025	27,719,028	2,074,723	29,793,751
1884	51,238	7,611,015	1,462,764	9,073,779	22	19,785,870	28,864,649	28,915,387	1,968,936	30,884,823
1885	56,870	7,584,918	1,952,398	9,537,316	23	18,693,304	28,230,620	28,287,490 .	1,969,757	30,257,247
1886	63,730	8,412,913	1,895,115	10,308,028	24	19,451,152	29,759,180	28,822,910	2,075,836	31,898,746
1887	78,817	8,108,241	2,292,303	10,400,544	25	19,214,160	29,614,704	29,693,521	2,109,180	31,802,701
1888	79,038	8,235,648	2,286,104	10,521,752	26	19,805,950	30,327,702	30,406,740	2,158,868	32,565,608
1889	91,455	8,413,652	2,354,602	10,768,254	27	19,476,260	30,244,514	30,335,969	2,310,447	32,646,416
1890	101,707	8,821,971	2,597,200	11,419,171	28	21,640,921	33,060,092	33,161,799	2,400,035	53,561,834
1891	96,158	9,617,787	2,812,646	12,430,433	29	22,094,575	34,525,008	34,621,166	2,365,588	36,986,754
1892	105,742	7,497,167	3,656,144	11,153,311	30	19,324,649	30,477,960	30,583,702	2,253,140	32,836,842
1893	101,495	7,694,225	3,825,783	11,519,958	31	21,860,946	33,380,904	33,482,400	2,224,747	35,707,147
1894	118,093	7,960,511	4,110,167	12,070,678	32	22,043,532	34,114,210	34,232,303	2,253,228	36,485,531
1895	148,908	8,395,280	4,180,332	12,575,612	33	22,384,931	34,960,543	35,109,451	2,240,036	37,349,487

(¹) Antérieurement à 1868, les droits de timbre perçus sur les *lettres de voiture ordinaires* sont englobés dans les produits du timbre de dimension.

(²) Antérieurement à 1872, les droits de timbre perçus sur les *connaissements* sont englobés dans les produits du timbre de dimension.